BEI GRIN MACHT SICH IHR WISSEN BEZAHLT

Untersuchung zur Verwendung von Cyber-physischen Produktionssystemen. Chancen und Risiken für die Arbeitswelt

Marius Utz

Bibliografische Information der Deutschen Nationalbibliothek:

Die Deutsche Nationalbibliothek verzeichnet diese Publikation in der Deutschen Nationalbibliografie; detaillierte bibliografische Daten sind im Internet über http://dnb.d-nb.de abrufbar.

ISBN: 9783346741509
Dieses Buch ist auch als E-Book erhältlich.

© GRIN Publishing GmbH
Nymphenburger Straße 86
80636 München

Druck und Bindung: Books on Demand GmbH, Norderstedt Germany
Gedruckt auf säurefreiem Papier aus verantwortungsvollen Quellen

Das vorliegende Werk wurde sorgfältig erarbeitet. Dennoch übernehmen Autoren und Verlag für die Richtigkeit von Angaben, Hinweisen, Links und Ratschlägen sowie eventuelle Druckfehler keine Haftung.

Das Buch bei GRIN: https://www.grin.com/document/1284539

Assignment

Cyber-physische Produktionssysteme

Untersuchung zur Verwendung von Cyber-physischen Produktionssystemen
Chancen und Risiken für die Arbeitswelt

vorgelegt von

Marius Utz

Studiengang   Wirtschaftsingenieurwesen - Master of Engineering (M. Eng.)
Abgabe   09.09.2022

Inhaltsverzeichnis

Abbildungsverzeichnis

Abkürzungsverzeichnis

AR	Augmented Reality
BWL	Betriebswirtschaftslehre
CAx	Computer-aided x
CIM	Computer-integrated manufacturing
CPS	Cyber-physische Produktionssysteme
CtO	Configure-to-Order
DIHK	Deutscher Industrie- und Handelskammertag
DZ-Bank	Deutsche Zentral-Genossenschaftsbank
EDV	Elektronische Datenverarbeitung
ERP	Enterprise-Resource-Planning
EtO	Engineer-to-Order
GPM	Geschäftsprozessmanagement
FAZ	Frankfurter Allgemeine Zeitung
IIoT	Industrial Internet of Things
IoT	Internet of Things
MES	Manufacturing Execution System
Mio.	Millionen
MtS	Make-to-Stock
OEM	Original Equipment Manufacturer
OPP	Order penetration point
PLM	Product-Lifecycle-Management
PPS	Produktionsplanung- und Steuerung
RFID	Radio-Frequency Identification

Gender-Hinweis

In der vorliegenden Arbeit wird aus Übersichtlichkeitsgründen das generische Maskulinum verwendet. Weibliche und weitere Geschlechteridentitäten werden dabei ausdrücklich mitgemeint.

1 Einleitung

„Any customer can have a car painted any color that he wants so lang as it is black" (*Ford/Crowther*, 1922, S. 72). Henry Ford (1863-1947) optimierte im *Fordismus* das bestehende Produktionskonzept dahingehend, dass das Automobil für den breiten Markt zugänglich gemacht werden konnte. Verbunden mit einer drastischen Flexibilitätsreduktion im Produkt wurden durch die Fließbandproduktion minimale Durchlaufzeiten und Herstellkosten erreicht.

Die Produktivitätssteigerung in Fertigungsprozessen ist in einem unvorhersehbaren und volatilen Kundenmarkt präsenter denn je. Heutige Kundenanforderungen umfassen variantenreichste Produkte mit immer kürzeren Entwicklungszyklen. Die Unternehmen stehen vor der Herausforderung, minimale Losgrößen, verbunden mit maximaler Flexibilität, in einem vom Käufer bestimmten Marktumfeld abzuwickeln. Die durch die Digitalisierung exponentiell steigende Umweltkomplexität und ein umfassender Fachkräftemangel in einem heterogenen Arbeitsmarkt mit unterschiedlichsten Anforderungen verschärfen die bestehende Problematik. Starre Produktions- und Führungskonzepte sind in der technologischen Wende von Industrie 4.0 fehl am Platz.

Das Ziel dieser Arbeit ist die Erarbeitung der selbststeuernden und intelligenten Fabrik als Lösungskonzept für die technologische Wende in Produktionsprozessen in erfolgreicher Kollaboration mit der Arbeitskraft Mensch. Hierbei sind cyber-physische Produktionssysteme (CPS) der Grundbaustein einer zukunftsorientierten Produktionsentwicklung im Industrie 4.0 Zeitalter. Als Modalziel werden zum einen CPS als Basis einer vernetzten, dezentralisierten, selbstorganisierten und maximal flexiblen Produktion im Industrial Internet of Things (IIoT) hervorgehoben. Als weiteres Modalziel ist der Faktor Mensch als wichtigster Bestandteil der Arbeitswelt im Umgang mit CPS zu verstehen. Die Symbiose aus Mensch - CPS bilden das angestrebte soziotechnische System. Diese Kollaboration erfordert grundlegend neue Führungs- und Management Konzepte, welche die bestmögliche Entwicklung des Faktor Mensch in der Produktion auch aus ethnischer Sicht garantieren. Industrie 4.0 soll als integraler Lösungsbestandteil des Fachkräftemangels dienen.

In der vorliegenden Arbeit werden zunächst grundlegende Merkmale der Industrie 4.0 definiert. Ausgehend hiervon wird auf CPS als elementare Systeme zur Vernetzung von Produktionsmitteln und Produkten in der IIoT sowie deren konkreten Implikationen im Produktionskontext eingegangen. Im Hauptteil wird die Zukunft der menschliche Arbeitskraft in der Arbeitswelt in Interaktion mit CPS sowie daraus resultierende Chancen und Risiken für niedrig qualifizierte Arbeitskräfte beleuchtet. Hieraus werden Schlüsse für wirtschaftsethnische Implikationen sowie Ansätze in Management und Führung gezogen.

2 Theoretische Grundlagen

2.1 Industrielle Revolutionen im Überblick

Der Begriff der Industrie 4.0 ist eine Wortschöpfung der Bundesregierung und fungiert als politisches Schlagwort (vgl. *Nickolaus et al.*, 2022, S. 136). Industrie 4.0 definiert die vierte industrielle Revolution als zentralen Beitrag des Wirtschaftsministeriums zur digitalen Vernetzung klassischer Fertigungsindustrien in Deutschland (vgl. *Botthof*, 2015, S. 8; *Broy*, 2010, S. 7; *Obermaier*, 2016, S. 7). Die Komposition der Industrie 4.0 rekurriert auf die vergangenen industriellen Revolutionen, die auf technologische Innovationen basieren. Mit jeder neuen Innovation steigt der Grad der zu bewältigenden Komplexität (siehe Anhang 1): Während in der ersten industriellen Revolution die Mechanisierung durch Wasserkraft und Dampf beschrieben wird, wurden in der zweiten Revolution erstmalig Automatisierungsansätze durch elektrische Energie oder Organisationsprinzipien wie Arbeitsteilung oder Fließbandfertigung eingesetzt.[1] (vgl. *Obermaier*, 2016, S. 3 f.) Die dritte industrielle Revolution definiert die bis heute andauernde Phase der Digitalisierung, in der erstmalig Computertechnik mit speicherprogrammierbarer Maschinensteuerung verwendet wurde. Diese führte zu weitestgehend automatisierten und standardisierten Fertigungsprozessen (vgl. *Botthof/Hartmann*, 2015, S. 4-7, S. 9; *Obermaier*, 2016, S. 3).[2]

Die ausgerufene vierte Stufe der technologischen Innovationen wird in der einschlägigen Literatur als *Evolution* bezeichnet, da sie lediglich ex post, nicht aber ex ante zu beobachten ist. (vgl. *Obermaier*, 2016, S. 4; *Obermaier/Kirsch*, 2015) Die propagierte technologische Wende der Industrie 4.0 spiegelt sich somit in einem bereits begonnenen fließenden Fortschritt wider. Das Modell der Industrie 4.0 ist, entsprechend des evolutionären Entwicklungsgedanken des Double-Loop Learnings[3] in lernenden Organisationen, in der gesamten Gesellschaft angekommen. Im Industriekontext geht es hierbei „weniger um die ‚Fabrik der Zukunft', sondern um die ‚Fabrik mit Zukunft'" (*Obermaier*, 2016, S. 7). Dieser Leitgedanke ist bereits in vielen Unternehmen gefestigt. Im Jahr 2021 verwendeten 62 % deutscher Unternehmen Methoden der Industrie 4.0. Weitere 21 % planten den Einsatz von Industrie 4.0 Techniken (siehe Anhang 2) (*Bitkom*, 2021).

---

[1] Dies spiegelt sich auch in heutigen Organisationsprinzipien wider, welche auf den mechanistischen Modellen des Taylorismus oder Fordismus basieren.
[2] Die vorliegende Arbeit gibt keine detaillierten Erläuterungen zu den Führungs- und Organisationstheorien der ersten drei Revolutionen. Wichtige Implikationen liefert beispielsweise Schönfelder (2018, S. 7–36).
[3] Tiefergehende Erläuterungen liefern Argyris/Schön (2008).

2.2   Industrie 4.0: Evolutionäres Modell der Unternehmenspraxis

Industrie 4.0 hat sich in der Unternehmenspraxis als Konzept für neue Geschäftsmodelle etabliert. Vom intelligenten Produkt wie dem internetfähigen Kühlschrank oder der Smartwatch, können auch gesamte Unternehmensprozesse im Kontext einer digitalen Revolution gestaltet werden. Das Vertriebskonzept des „Anticipatory Shipping"[4] von Amazon ist eines von zahlreichen Beispielen.

Das evolutionäre Modell der Industrie 4.0 lässt sich als eine technologische Wende in allen Bereichen der Gesellschaft definieren. Produkte und Dienstleistungen haben durch die rasante Digitalisierung einen immer höheren Individualisierungsgrad. Dies äußert sich in Unternehmen durch Losgröße 1 Fertigungen und Engineer-to-Order[5] (EtO) Geschäftsmodellen. (vgl. *Obermaier*, 2016, S. 26–29) Treiber dieser digitalen Revolution und der daraus resultierenden und schnell anwachsenden Umweltkomplexität ist das *Mooresche Gesetz*. Dieses prognostiziert ein exponentielles Wachstum der Leistungssteigerung in der digitalen Hardware. (vgl. *Broy*, 2010, S. 19) Auch die Gesetze der Digitalisierung von Zuboff (vgl. 1988, S. 10 f.) definieren die dynamische Entwicklung von Digitalisierung, Automatisierung und Überwachung. Das vierte Gesetz von Zuboff wird heute der Vernetzung zugeschrieben: „Alles, was zur Vernetzung eingesetzt werden kann, wird zur Vernetzung eingesetzt, womit [...] allumfassend dem ‚Internet of Things' [...] der Boden bereitet wäre" (*Obermaier*, 2016, S. 10).

Die technologische Wende der vierten industriellen Revolution wird in den Unternehmen durch Individualisierung und Hybridisierung mittels Kopplung von Produktion und Produkt erreicht. Ferner steht die Integration aller Teilnehmer in unternehmensübergreifende Wertschöpfungsketten im Fokus. Industrie 4.0 definiert eine neue Stufe der Steuerung von Produkten über den gesamten Produktlebenszyklus hinweg. Das Ziel ist die Vernetzung der digitalen Infrastruktur und aller beteiligten Akteure zu dynamischen, echtzeitoptimierten und selbstorganisierten Wertschöpfungsnetzwerken (vgl. *Bendel*, 2019, S. 1–3; *Obermaier*, 2016, S. VII, S. 6–7).

Kernelement der Industrie 4.0 ist die Vision der *Smart Factory*. Sie definiert ein selbststeuerndes und intelligentes Konzept der Produktion, in welcher sich „Fertigungsanlagen und

---

[4] „Anticipatory Shipping" ist ein Patent von Amazon, welches auf dem Konzept des *Data-Minings* basiert. Hierbei werden benutzerbezogene Daten potenzieller Kunden gesammelt und ausgewertet. Durch den Standort und dem Klickverhalten der User wird die betrachtete Ware in „local hubs" (Logistikzentren) verschoben. Dieses Patent beinhaltet nicht zuletzt die Versendung des potenziellen Produkts bis zur Türe des Users, ohne dass es gekauft wurde. (vgl. *Praveen Kopalle* 28.01.2014)

[5] Klassische Fertigungsmodelle nach dem Make-to-Stock (MtS) Prinzip verlieren immer mehr an Bedeutung, während Configure-to-Order (CtO) oder das beschriebene ETO vom Markt gefordert werden. Im CtO äußert sich dies in einer hohen Varianz, in welcher Kundenanforderungen standardisiert abgewickelt werden. Der Order penetration point (OPP) des Original Equipment Manufacturer (OEM) verschiebt sich an den Anfang des Produktlebenszyklus. Dies spiegelt sich in Losgröße 1 Konzepten wider. (vgl. *Obermaier* 2016, S. 21 f.) Hierdurch wird die Produktion ressourcenschonender und kundenorientierter gestaltet.

Logistiksysteme [...] weitestgehend selbst organisieren" (*Obermaier*, 2016, S. 20). Hieraus folgt eine extreme Form der Dezentralisierung. Das Gesamtsystem der Produktion teilt sich in lokale Optima auf. Dies führt zu einer hohen Effizienz und vertiefter Wertschöpfung in durchgängigen Geschäftsprozessen. (vgl. *Becker*, 2015, S. 25; *Obermaier*, 2016, S. 20 f.) Hierdurch steuern sich Aufträge selbstständig entlang gesamter Wertschöpfungsketten.

Grundlage der *Smart Factory* ist das *Industrial Internet of Things* (IIoT)[6]. Das IIoT wird durch die Vernetzung der gesamten industriellen Infrastruktur zu *Cyber-physischen Produktionssystemen* (CPS) erreicht. CPS sind Grundbestandteil der IIoT. Sie kommunizieren über das Internet in Echtzeit und agieren selbstständig in dezentralisierten Einheiten. Das IIoT in Kollaboration mit der Arbeitskraft Mensch begründet das soziotechnische Konzept der Industrie 4.0. In diesem sind physische und virtuelle Gegenstände miteinander vernetzt und steuern sich im Sinne der *Smart Factory* in dezentralisierten, hierarchiefreien Umgebung *smart* durch die Fabrik. (vgl. *Obermaier*, 2016, S. 6 f.; *Scheer*, 2016, S. 36)

2.3 Cyber-physische Produktionssysteme

Das Y-CIM-Modell von Scheer (2020, S. 35) (siehe Anhang 3) beinhaltet alle operative Informationssysteme eines Unternehmens. Im linken Zweig des Modells ist die Auftragsabwicklung durch ERP/PPS-Systeme enthalten. Der rechte Zweig beschreibt den Produktentwicklungsprozess durch CAx-Systeme. Beide Zweige werden in der Mitte des Modells im Fertigungsprozess zur *Real-Time Smart-Factory* vereinigt. Im Industrie 4.0 Kontext definiert das Y-CIM-Modell die Einsatzmöglichkeiten von CPS in den dargelegten Hauptprozessen Auftragsabwicklung, Produktentwicklung und Fertigung. Im Rahmen dieser Arbeit wird für CPS auf den Fertigungsprozess in der kurzfristigen Steuerungs- und Realisierungsebene eingegangen. (vgl. *ebd.*, S. 34–43)

Den Grundbestandteil der IIoT Umgebung stellen CPS dar. Die Komposition *Cyber-physisches Produktionssystem* rekurriert zum einen auf Vernetzung (Cyber), zum anderen auf die physische Produktionsumgebung (Physical) und deren Vereinigung zu ganzheitlichen Produktionssystemen, welche die physikalische und digitale Welt der Produktion verbinden. Hieraus ergibt sich folgende Definition: „Cyber-Physical Systems sind hoch vernetzte eingebettete Systeme (Embedded Systems), die über Sensoren die Umwelt erfassen und Aktionen auslösen können" (*Hansen/Thiel*, 2012, S. 26). Eine exaktere technische Definition lautet: „Cyber-Physical Systems adressieren die

---

[6] Als Teilbereich des Konzepts des IoT fokussiert sich das IIoT auf die Industrie und der Vernetzung aller Beteiligten zu Wertschöpfungsnetzen in Fertigungsbetrieben. Das IIoT optimiert die Kommunikation zwischen Maschinen und angebundenen Systemen mittels Datenerfassung- und Weitergabe über das Internet. Erst das ermöglicht eine hohe Vernetzung zwischen Produktionsmittel und Produkt.

enge Verbindung eingebetteter Systeme zur Überwachung und Steuerung physikalischer Vorgänge mittels Sensoren und Aktuatoren über Kommunikationseinrichtungen mit den globalen digitalen Netzen" (*Broy*, 2010, S. 17). Das Analysieren, Speichern und Weiterverarbeiten aller erzeugter Daten von CPS geschieht in einer gemeinsamen Datenbasis (*Big Data)* über das IIoT (siehe 2.2) (vgl. *Jahn*, 2017, S. 25). Die Verbindung aller Produktionsfaktoren zwischen Betriebsmitteln und Werkstücken sowie dem Menschen erfolgt über Sender-Empfänger Systeme wie der Radio-Frequency Identification (RFID). Hierbei trägt das Werkstück durch einen Transponder alle relevanten Meta-Daten mit sich und steuert sich dezentralisiert selbst durch die Fertigung (vgl. *Jahn*, 2017, S. 12; *Obermaier*, 2016, S. 12–15). Dies entspricht der in Echtzeit gesteuerten *Smart Factory* (siehe 2.2). Die Kommunikation zwischen Mensch und CPS verläuft über multimodale Mensch-Maschine Schnittstellen mit grafischen Benutzeroberflächen (vgl. *Acatech*, 2011, S. 17). In Anhang 4 (*ebd.*, S. 18 f.) wird der schematische Aufbau und die Kommunikation zwischen CPS definiert. Für ein gelungenes Zusammenspiel der Anwendungen müssen die Informationen verschiedener CPS semantisch kompatibel sein.

In der IIoT-Umgebung ermöglichen CPS die dezentralisierte Vernetzung und Kommunikation in Echtzeit und erschaffen die industrielle Infrastruktur, welche Produktionsmittel, Produkt und Software miteinander verbindet. CPS und die darin enthaltenen Betriebsmittel und Werkstücke agieren autonom und selbstorganisiert. Sie werden selbst zum *Smart Product*. CPS sind somit der entscheidende Faktor zur *Smart Factory* und als Grundbaustein für die weitere Produktionsentwicklung in der Zukunft anzusehen. (siehe 2.2) (vgl. *Obermaier*, 2016, S. 12 f.)

Rekurrierend auf das Y-Modell von Scheer (2020, S. 35) (siehe Anhang 3) wird im linken Ast der Auftragsabwicklung ERP/PPS-Software verwendet. In vielen Fällen existiert in der EDV keine direkte Anbindung an den physischen Fertigungsprozess (vgl. *Obermaier*, 2016, S. 18). Für die durchgängige Vernetzung der ERP/PPS-Software in den Fertigungsprozess können Manufacturing Execution Systems (MES) verwendet werden. MES fungieren als die direkte Schnittstelle zwischen ERP/PPS und physischer Produktion. Durch die horizontale und vertikale Vernetzung aller an der Wertschöpfung Beteiligten erschaffen MES über das Internet CPS. Gleichzeitig verfügen MES über eine Mensch-Maschine-Schnittstelle mit grafischer Benutzeroberfläche. Die aus CPS generierten Datenmengen werden im MES in Echtzeit verarbeitet. Die Grundeigenschaften von CPS werden im MES vereinigt, Aufträge können in Losgröße 1 real-time abgewickelt werden. (vgl. *Obermaier*, 2016, S. 18 f.; *Scheer*, 2016, S. 38) Die klassische Automatisierungspyramide (siehe Anhang 5) von ERP zu MES ist im Rahmen von Industrie 4.0 nicht mehr abgrenzbar, dies resultiert aus der Integration von Fertigungsebene in Richtung Betriebsleitebene (vgl. *TeDo Verlag GmbH*, 2020). Als Ausblick bilden Cloud-basierte MES Software die Produktionssteuerung über gesamte Wertschöpfungsnetze entlang der Supply Chain ab.

Abschließend bieten CPS auch für den Produktionsfaktor Mensch Implikationen. Durch CPS wird auf digitaler Ebene ein Abbild der physischen Ebene geschaffen, welches in jeglicher Form durch Benutzerschnittstellen als *digitaler Zwilling* visualisiert wird. Die zu Verfügung gestellten Informationen unterstützen den Menschen mittels Augmented Reality (AR) oder Assistenzsystemen. Sie helfen, die Produktionsprozesse effizienter zu gestalten. (vgl. *Obermaier*, 2016, S. 15)

3   CPS im Kontext der Arbeitswelt

3.1   CPS: Die Zukunft der menschlichen Arbeitskraft

Die alternde Gesellschaft in Deutschland und der demografische Wandel stellen heutige Unternehmen vor größte Herausforderungen. Ein akutes Risiko ist der Mangel an benötigten und ausgebildeten Fachkräften am Arbeitsmarkt. Zu diesem Ergebnis kommt die Umfrage des Deutschen Industrie- und Handelskammertags (DIHK) (2019). Die voranschreitende digitale Transformation der Industrie 4.0 in der Gesellschaft (siehe 2.2, 2.3) verschärft die bestehende Problematik. Auch im Produktionsbereich bedingen diese Faktoren eine tiefgreifende Veränderung aller Prozesse und Berufsbilder. (*Schuh et al.*, 2021, S. 12) Der „Future of jobs"-Report des Weltwirtschaftsforums (2020) geht davon aus, dass bis zum Jahr 2025 85 Mio. Stellen wegfallen, aber gleichzeitig 97 Mio. Jobs entstehen. (vgl. *IT Verlag für Informationstechnik GmbH*, 2021) Heutige Unternehmen sind somit nicht nur mit Fachkräftemangel am Arbeitsmarkt konfrontiert, sondern müssen die technologische Wende auf Seiten der Arbeitskraft stemmen und ganze Berufsbilder neu definieren.

Dies hat grundlegende Auswirkungen auf den Umgang mit Industrie 4.0 in Unternehmen. CPS als hoch heterogene vernetzte Gebilde mit physikalischen Systemen, Elektronik und Software erfordern eine systemische Sichtweise: Dies ist eine interdisziplinäre Betrachtung aller Ingenieurswissenschaften mit der Informatik und weiteren Disziplinen, wie der BWL oder den Geisteswissenschaften. (vgl. *Acatech*, 2011, S. 24 f.) Diese neue Sichtweise bringt für die Arbeitskraft Mensch veränderte Aufgabenfelder mit sich mit. In der Neugestaltung gilt es, die menschlichen Aspekte gegenüber dem wirtschaftlichen und ökonomischen Nutzen zu berücksichtigen. Aus diesem

Widerspruch heraus entwickelte sich im Jahr 2015 das Projekt „Prävention 4.0"[7]. Das Ziel des Projekts ist es, die aus CPS in der Arbeitswelt entstehenden Handlungsfelder zu definieren und zu analysieren (vgl. *Cernavin et al.*, 2018, S. 10 f.). Hierdurch soll eine präventive Arbeitsgestaltung für den Menschen gewährleistet sein. Die Autoren geben in der Gestaltung der 4.0-Geschäftsprozesse Raum für Innovationsfähigkeit und technologischer Kompetenz und heben die Bedeutsamkeit des expliziten und impliziten Wissens des einzelnen Mitarbeiter hervor, welches im Rahmen von organisationalen Lernprozessen kollektiviert werden soll (vgl. *ebd.*, S. 11). Ferner soll Industrie 4.0 dabei helfen, die Verständigungslücke zwischen Mensch und Maschine zu beheben (semantische Lücke). Hieraus resultiert die Forderung eines interdisziplinären, systemischen Konzepts, welches den Prozess und den einzelnen Mitarbeiter dazu befähigt, die Komplexität der technologischen Wende von CPS in der Produktion zu bewältigen (vgl. *Becker*, 2015, S. 26).

Auf operativer Gestaltungsebene der Produktion, in welcher Produktionsmittel und Produkte über CPS im IIoT miteinander vernetzt sind (siehe 2.3), ist die Neuausrichtung weg von ex-ante optimierten Abläufen hin zu in Echtzeit gesteuerten Abläufen erforderlich. Das Berufsbild des Menschen wandelt sich grundlegend (vgl. *Hirsch-Kreinsen*, 2015, S. 89–91). Arbeitsplätze mit geringem Qualifikationsniveau werden durch intelligente Systeme substituiert. Dies ist beispielsweise in der Logistik, Maschinenbedienung oder in der manuellen Datenerfassung- und Eingabe der Fall. Auf der qualifizierten Facharbeiterebene wird es zur Dequalifizierung von Tätigkeiten kommen, indem standardisierte Kontroll- oder Überwachungsfunktionen automatisiert werden.

Letztlich wird ein Großteil der Jobs auch eine Qualifikationsaufwertung und Tätigkeitsanreicherung erfahren. Die erhöhte Komplexität von Industrie 4.0 und die Dezentralisierung von Entscheidungs- und Koordinationsaufgaben in den Produktionsnetzwerken erfordert eine hohe Eigeninitiative und Eigenständigkeit des Facharbeiters. Dies äußert sich in einer hohen Kommunikationsfähigkeit, Selbstorganisation und erhöhten Problemlösungsanforderungen, um die Varianz der Losgröße 1 Fertigung zu bewältigen. (vgl. *Baumann et al.*, 2018, S. 4 f.; *Hirsch-Kreinsen*, 2015, S. 91 f.) Der Mitarbeiter fungiert als *Augmented Operator*, welcher die Produktion dezentral steuert und überfacht (vgl. *Hofmann*, 2016, S. 267).

Wichtige Implikationen zur Gestaltung von Industrie 4.0 Arbeitsplätzen liefern *Mensch-Maschine Schnittstellen*. CPS als autonome und lernende Software eröffnen ein neues Verhältnis von Mensch und Arbeitsmittel als kollaboratives, soziotechnisches System. So werden CPS die

---

[7] „Verbundprojekt ‚Prävention 4.0 [...] – Handlungsfelder und -leitfaden für eine präventive Arbeitsgestaltung in der digitalen Arbeitswelt 4.0'" (*Cernavin et al., 2018*, S. 10).

Prozesse, in welchen Menschen tätig sind, teilweise oder ganz steuern (vgl. *Baumann et al.*, 2018, S. 12). Dies hat Auswirkungen auf die Belastungssituation der Mitarbeiter. Fremdsteuerung, Komplexität und Überwachung durch CPS rufen hohe psychische Belastungen beim Menschen hervor. Gleichzeitig können *Assistenzsysteme* die physische Belastung der Arbeitskraft senken. Dies geschieht beispielsweise durch Unterstützung im Heben, Tragen oder Greifen von Werkstücken (vgl. *Baumann et al.*, 2018, S. 13; *Börkircher/Walleter*, 2018, S. 74).

„Unter der Dimension ‚Assistenzsystem' sind alle Technologien zusammengefasst, die die Beschäftigten bei der Ausführung ihrer Arbeit direkt unterstützen" (*Cernavin/Lemme*, 2018, S. 38). Ferner beheben sie die Verständigungslücke zwischen ausführenden CPS und dem Menschen (semantische Lücke). Assistenzsysteme reduzieren die für den Mitarbeiter wahrgenommene Komplexität auf ein überschaubares Maß. Der Herausforderungsgrad wird für den handelnden Mitarbeiter in komplexen technologischen Prozessen des IIoT mit CPS erheblich vereinfacht. Assistenzsysteme sind somit für die Komplexitätsbeherrschung verantwortlich. Dies geschieht durch Unterstützung bei Teilproblemen durch Übernahme von Kontrollfunktionen oder mittels Optimierung des Gesamtsystems durch Steuerung gesamter Komponenten. Letztlich wird auch der Kompetenzaufbaus des Anwenders, indem Informationen im Prozess in Echtzeit zu Verfügung gestellt werden, gefördert. (vgl. *Hofmann*, 2016, S. 258) Hieraus entwickeln sich *adaptive Assistenzsysteme,* welche Entscheidungsträgern Informationen über Entscheidungssachverhalte liefern. Durch Abstrahieren komplexer Sachverhalte in Echtzeit wird die Flexibilität und Effizienz im Produktionssystem optimiert. Komplexe Entscheidungssituationen werden bestmöglich gelöst. (vgl. *Winkler et al.*, 2016, S. 219 f.) Die Akzeptanz solcher Systeme geht auf Seiten der Mitarbeiter mit der Arbeitserleichterung einher. Mit der körperlichen Entlastung wird langfristig auch die psychische Belastung des Mitarbeiters durch CPS sinken. (vgl. *Börkircher/Walleter*, 2018, S. 74) Somit ist zu konstatieren, dass im Umgang mit CPS die menschlichen Aspekte ausschlaggebend sind, um einen wirtschaftlichen Nutzen erzielen zu können.

3.2 Chancen und Risiken niedrig qualifizierter Arbeitskräfte

Niedrig qualifizierte Arbeitskräfte im Produktionsumfeld sind vollständig vom Wandel durch CPS betroffen (siehe 3.1). Wie sehen die Chancen und Risiken für diese Berufsgruppe aus?

Die sich immer schneller veränderten beruflichen Anforderungen an Mensch und Maschine erfordern die kontinuierliche Weiterbildung der Arbeitskraft. Unternehmen sind nicht mehr in der Lage, fehlende Qualifikationen nur über Rekrutierung neuer Arbeitskräfte abzudecken. Internes *Upskilling* oder *Reskilling* stellen die größte Chance für die Weiterbildung der eigenen Fachkräfte dar.

Ansätze solcher Qualifizierungsmaßnahmen sind Transparenz über die Fähigkeiten der Mitarbeiter, die Integration der Lerninhalte in den Arbeitsalltag und personalisierte Entwicklungspläne. Eine prospektive Planung für Mitarbeiter, im Rahmen einer Vorqualifizierung (*Preskilling)* zukünftig benötigte Rollen und Arbeitsfelder auszutesten, bietet hinreichende Zukunftsplanung. (vgl. *Baumann et al.*, 2018, S. 12; *IT Verlag für Informationstechnik GmbH*, 2021)

Ein weiterer Faktor von Qualifizierungsmaßnahmen ist der Umgang mit Assistenzsystemen, in welchem auch niedrig qualifizierte Fachkräfte geschult werden müssen. Assistenzsysteme reduzieren für den Mitarbeiter zum einen die Komplexität in Produktionsprozessen, zum anderen verringern sie physische als auch langfristig psychische Belastung im Umgang mit CPS (siehe 3.1). Assistenzsysteme ermöglichen, auch ungelernte Fachkräfte in komplexen, standardisierten Produktionsprozessen einzusetzen, indem Kontroll- und Steuerungsfunktionen durch die CPS übernommen werden und diese den Mitarbeiter anleiten. Dies äußert sich in der „individuellen Gestaltung einer lernförderlichen, sicherheits- und gesundheitsgerechten Arbeitsumgebung" (*Baumann et al.*, 2018, S. 12). Daher müssen Arbeitsplatz und Weiterbildungsmaßnahmen individuell gestaltet werden, um die erforderliche Differenzierung, Spezialisierung und Flexibilisierung zu erreichen, welche im CPS-Kontext notwendig ist. Nicht zuletzt ermöglichen CPS eine demografiesensible und belastungsmindernde Arbeitsgestaltung, welche unter Berücksichtigung des Fachkräftemangels essenziell ist. Hierdurch ist es mittels Assistenzsystemen auch älteren Arbeitnehmern weiterhin im vollen Maße möglich, produktiv zu arbeiten (vgl. *Becker*, 2015, S. 24).

Es ist zu betonen, dass Aussagen zu konkreten künftigen Qualifikationsanforderungen an die Mitarbeiter mit erheblichen prognostischen Unsicherheiten behaftet sind. Der erhöhten Komplexität in neuen Produktionsprozessen wird zumeist damit begegnet, dass seitens der Experten neue Kompetenzen postuliert werden. Solche Aussagen sind empirisch schwer zu belegen und führen zu großer Unsicherheit in der künftigen Weiterentwicklung der Facharbeiter im Produktionsbereich. Des Weiteren kann es dazu kommen, dass bereits vorhandene Kompetenzen, die auch in Zukunft benötigt werden, im Rahmen der CPS in den Hintergrund rücken oder aufgrund ihrer guten Verfügbarkeit aus dem Fokus geraten. (vgl. *Nickolaus et al.*, 2022, S. 143) Die aufgeführten Punkte untermauern den Standpunkt, dass interne Schulungsmaßnahmen als hoch heterogen anzusehen sind und individuell betrachtet werden müssen.

Die technologische Wende im Produktionsbereich wird in kurzfristiger Hinsicht trotz aller Integrationsmaßnahmen Risiken für die Fachkräfte im Produktionsbereich beinhalten. Verschiedenste Studien belegen das hohe Substituierungspotenzial von niedrig qualifizierten Arbeitsplätzen. Vor allem in der Maschinenbedienung, Anlagensteuerung sowie im Logistikbereich werden durch Einsatz von CPS stark negative Beschäftigungseffekte prognostiziert. (vgl. *ebd.*, S. 140)

Aussagen deutscher Automobilhersteller zum Substituierungspotenzial in den Fertigungsbereichen untermauern eine andere Sichtweise:

> „Mein Ziel wäre nicht, die Anforderungen an den Werker zu verändern, sondern eher im Gegenteil. Ich denke, es ist jetzt an der Zeit, wo unsere IT-Systeme immer komplexer werden, [...] immer mehr können, die Systeme so zu gestalten, dass Sie trotzdem noch durch den Werker bedienbar sind. Das heißt, dass auch einer, der [...] nie eine Ausbildung hatte, [...] trotzdem mit solchen IT-Systemen umgehen kann und einen Mehrwert [...] für die Firma generieren kann (Automobilhersteller, Teamleiter F&E Produktionstechnik)" (*ebd.*, S. 147).

Wie die vorangegangenen Erläuterungen veranschaulichten, sind Prognosen zum Personalabbau im Zuge von Industrie 4.0 und CPS sehr volatil. Dies zeigte auch die FAZ. Im Artikel „Millionen Jobs fallen weg" (*Hank/Meck*, 17.1.2016) wird vom Harvard-Ökonom und ehemaligem Finanzminister der Vereinigten Staaten *Lawrence Summers* die Wegrationalisierung von Millionen Arbeitsplätzen durch Einsatz von Robotern postuliert. Nur kurze Zeit später wurde hinsichtlich der Personalthematik (Studie der DZ-Bank) im Artikel der FAZ „Industrie 4.0 steigert Produktivität deutlich" (*Knop*, 17.2.2016) folgend argumentiert: „Während der voraussichtliche Verlust an Arbeitsplätzen rein zahlenmäßig aufgrund der demografischen Entwicklung relativ einfach zu verkraften wäre, dürfte sich der Fachkräftemangel tendenziell verschärfen" (*ebd.*). Die nur einen Monat vorher von *Lawrence Summers* verkündete Massenarbeitslosigkeit ist obsolet. Im Fokus steht nun die mangelnde Verfügbarkeit qualifizierter Fachkräfte.

Eine klare Aussage zu Chancen und Risiken für niedrig qualifizierte Mitarbeiter aus den Produktionsbereichen und dem Einfluss von CPS auf das Personal ist schwer zu treffen. Daher ist die heterogene und interdisziplinäre Berücksichtigung aller Mitarbeiteranforderungen und das Verwenden des impliziten Fachwissens der Angestellten in der technologischen Wende unumstößlich. Hierdurch lässt sich das soziotechnische System aus der Kollaboration von Mensch und CPS bestmöglich in den Produktionskontext einbinden.

3.3 Wirtschaftsethische Implikationen

Industrie 4.0 und das hohe Substituierungspotenzial gilt als größtes Risiko heutiger Fachkräfte in den Produktionsbereichen. Aus wirtschaftsethischer Sicht ist zunächst die Funktion und Relevanz der Arbeit für den Menschen in der Gesellschaft zu betonen: Arbeit schafft Werte und generiert das Einkommen für den Lebensunterhalt der Arbeitnehmer. Daher dient Arbeit als führender Integrationsfaktor in der Gesellschaft: „Die Zufriedenheit in der Arbeit ist ein Grundbaustein einer sozialen, demokratischen, freiheitlichen Gesellschaft" (*Forum Wirtschaftsethik*, 2018). Hohe

Arbeitslosigkeit generiert hingegen eine gesellschaftliche Krise, welche den demokratischen Rechtsstaat gefährdet. (vgl. *ebd.*)

Das Konzept der Industrie 4.0 beinhaltet die Kollaboration aus Mensch und Maschine als größte Chance für Arbeitskräfte im zukünftigen Produktionsumfeld. (vgl. *Bendel*, 2017, S. 166) Das Verhältnis Mensch-Maschine ist hierbei der zentrale Punkt der Wirtschaftsethik. Das steigende Integrationsniveau der Maschine in die Produktionsprozesse können beim Menschen zu höheren Komplexitäts-, Abstraktions- und Problemlösungsanforderungen führen. Auf der anderen Seite kann es zum Verlust notwendiger Handlungskompetenzen kommen (*Becker*, 2015, S. 27). (siehe 3.2) Das Kontrollpotenzial einer von CPS gesteuerten Produktion gipfelt in der Vorstellung des *gläsernen Mitarbeiters* (vgl. *Hirsch-Kreinsen*, 2015, S. 92). Von zentraler Bedeutung ist daher das Festlegen klarer Grenzen in der Mensch-Maschine Interaktion. Hierbei sind die gewünschte und legitimierte Einschränkung der Funktionalitäten von CPS zu berücksichtigen. Das grundsätzliche Verhältnis zwischen Mensch und Maschine mündet schließlich in der Überlegung, inwieweit ein Mensch über Algorithmen definiert und letztendlich ersetzt werden kann. Hierfür muss der Mensch als strikt rational denkendes Gebilde ohne Gewissen, Werte und Gefühle betrachtet werden. Dies widerspricht dem systemischen Denken und Handeln, welches in komplexer und vernetzter Produktionsumgebung von Nöten ist. (vgl. *Forum Wirtschaftsethik*, 2018) Ferner ist zu hinterfragen, inwieweit der Faktor Mensch seine eigene Autonomität in moralischen Fragestellungen durch das dezentralisierte und autonome Konzept der CPS verliert.

Weitere Fragestellungen liefert das Konzept der Smart Factory. Es „kann selbst Urteile fällen, die ihre Existenz gefährden, ihre mittel- und langfristige Produktion, die Arbeitsplätze, die an ihr hängen" (*Bendel*, 2017, S. 167). Dies mündet in der Smart Factory in Konzepten des Deutero-Lernens[8], in welchem sich das System zur Verbesserung selbst macht und sich selbst „abschafft". Es gilt zu reflektieren, inwieweit eine Übernahme kritischer Infrastruktur durch CPS sinnhaft ist oder ob das Konzept der Smart Factory nur als Erfüllungsgehilfin für den Menschen dient. (vgl. *Acatech*, 2011, S. 27 f.) Es ist zu konstatieren, dass sich der Umgang mit der Mensch-Maschine Schnittstelle auch in Zukunft als hoch komplex erweisen wird. Es benötigt ganzheitliche, heterogene Lösungen, um optimal mit CPS in der IIoT Umgebung und dem Menschen umzugehen.

---

[8] „Deutero" ist die griechische Vorsilbe für „zweiter". Deutero-Lernen ist das *Lernen des Lernens* und beschreibt die Selbstreflexion aller Lernprozesse. Dieser Lerntyp führt als Konsequenz zu einem Wechsel von Single- zu Double-Loop-Learning innerhalb der Organisation. Daher gilt Deutero-Lernen als Metaebene des organisationalen Lernens und dient der Optimierung aller Lernprozesse als emergente Eigenschaft des Systems. (vgl. *Argyris/Schön* 2008, S. 44; *Utz* 2022, S. 6)

3.4   Management und Führung

Die technologische Wende der CPS in der Produktion verbunden mit der Digitalisierung erzeugen höchste Komplexität in heutigen Management- und Führungskonzepten. Der grassierende Fachkräftemangel in den Produktionsbereichen und veränderte Anforderungen an Kompetenzen und Fähigkeiten der Mitarbeiter erfordern grundlegend neue Ansätze für ein sinnhaftes Management der Mensch-Maschine Kollaboration. (siehe 3.1, 3.2, 3.3)

Die Wertschöpfungsnetze der IIoT Umgebung erzeugen neue Kommunikationsstrukturen. Hieraus resultiert neue Komplexität. Konstruktivistische Führungstheorien bieten ganzheitliche Führungskonzepte, welche der Komplexitätsreduktion dienen (vgl. *Baumann et al.*, 2018, S. 12). Sie basieren auf dem systemischen Gedanken der Kommunikation, die die Systeme erhält und Komplexität bewältigt.[9] In den Kommunikationsnetzwerken zwischen Mensch und Maschine bedarf es klarer Regeln, um die Kommunikation zu steuern und das kollaborative System zu schützen.

Die Rolle der Führungskraft im Industrie 4.0 Zeitalter entspricht somit nicht den mechanistischen Vorstellungen einer verhaltensorientierten oder strukturellen Führung sondern einer ganzheitlichen interaktionsbasierten Führung des Teams. Die Führungskraft reduziert die äußere Umweltkomplexität der Abteilung und bereitet von außen benötigte Informationen in der Rolle eines Wissensmanagers für das Team auf (vgl. *Börkircher/Walleter*, 2018, S. 70). Hierdurch sind neuartige Informationen anschlussfähig und können durch das Team verarbeitet werden. Weiterführend entwickelt die Führungskraft die Kompetenzen der einzelnen Mitarbeiters und damit des Teams. Dies erhöht die Qualifikation im Team selbst und den erfolgreichen Umgang mit der Komplexität aus der Umwelt. (vgl. *Breutmann*, 2018, S. 60 f.)

Ferner führt die technologische Wende beim Arbeitnehmer zu Unsicherheiten und Ängsten vor großflächigem Wandel der Arbeitswelt. Die Führungskraft fungiert hierbei als eingeschobene Zwischeninstanz. Im Zuge der Flexibilisierung und Varianz in Produkten und Prozessen (siehe 2.2, 3.1) muss sich die Führungskraft je Auftrag neu mit der Belegschaft vernetzen, um die individuellen Kundenanforderungen bestmöglich zu erfüllen. Hierbei rückt er in die Rolle des „internen Dirigenten", welcher nicht nur delegiert und koordiniert, sondern gezielt, flexibel und schnell seine Ressourcen im Team einsetzt. (vgl. *Börkircher/Walleter*, 2018, S. 70)

Ein Lösungsansatz in der Organisationsstruktur ist das Konzept der *agilen Organisation*. Die klassische Differenzierung der Funktionsorganisation ist im Kontext des ganzheitlichen und

---

[9] Weitere Implikationen zum systemischen Führungsverständnis und der sozialen Systemtheorie gibt Luhmann (1999).

interdisziplinären Denkens in agilen Geschäftsprozessen nicht mehr gegeben. Die agile Organisa-tion wird als „hierarchiefrei, partizipativ, schnell, flexibel, dynamisch und effizient" (*Schmel-zer/Sesselmann*, 2020, S. 5)[10] beschrieben. Sie untermauert die Fähigkeit der Selbstorganisation in Teams und fördert organisationales Lernen (Double-Loop Learning) (vgl. *Argyris/Schön*, 2008, S. 36). Zuletzt steht die Führungskraft für ein gelungenes Change Management in den Unterneh-mensbereichen. Change Management lässt sich als „ein prozessual-adaptives Herstellen von Be-dingungen für selbstorganisierte Ordnungsübergänge in professionellen Lern- und Entwicklungs-kontexten verstehen" (*Haken/Schiepek*, 2010, S. 628).

Zusammengefasst ist die heutige Führungskraft im Kontext von Industrie 4.0 ein Begleiter aber auch integrales Mitglied von Teams in den Produktionsbereichen. Sie reduziert die Komplexität, für das Team und macht Neuartiges anschlussfähig. Die Führungskraft verfolgt eine interaktions-basierte Führung, die in der konstruktivistischen sozialen Systemtheorie nach Luhmann (1999) gefordert wird. Dieses ganzheitliche Führungskonzept ist die Grundlage für Selbstorganisation und der Entwicklung von organisationalem Lernen.

4 Fazit

Die Ergebnisse dieser Arbeit legen CPS als ganzheitlichen Ansatz der technologischen Wende der Industrie 4.0 in den Produktionsbereichen dar. Die Vision der Smart Factory kann durch die Ver-netzung von Produkt, Produktionsmittel und Mensch zu Wertschöpfungsnetzen im IIoT erreicht werden. Die Zukunft der menschlichen Arbeitskraft in der Produktion hängt wesentlich von der Kollaboration mit CPS zu soziotechnischen Systemen ab (siehe 2.2, 2.3). Die große Chance be-steht in der Neugestaltung der Produktionsprozesse mit Assistenzsystemen, welche individuelle Arbeitsplatzlösungen unter Einbezug menschlicher Aspekte erlauben. Hierbei werden auf den Menschen neue Berufsbilder und Bildungsanforderungen zukommen (siehe 3.1, 3.2).

Das im Rahmen dieser Arbeit ausgerufene Zielsystem *der selbststeuernden und intelligenten Fab-rik als Lösungskonzept für die technologische Wende in Produktionsprozessen in erfolgreicher Kollaboration mit der Arbeitskraft Mensch* wurde limitiert bestätigt. Auf technischer Seite sind CPS als Grundbaustein der zukunftsorientierten Produktionsentwicklung zu sehen. CPS ermögli-chen eine vernetzte, dezentralisierte, selbstorganisierte und flexible Produktion im IIoT. Somit wurde das erste Modalziel erfüllt. Die angestrebte Symbiose aus Mensch und CPS wirft aus

---

[10] Die agile Organisation Schmelzer und Sesselmann (2020) sind nur ein Bruchteil des ganzheitlichen Konzeptes des GPMs. Für einen ersten, umfassenden Überblick von ganzheitlichem GPM eignen sich die ersten drei Kapitel (vgl. *ebd.*, S. 3–173).

wirtschaftsethnischer Hinsicht Fragen auf. Die Substitution von niedrigqualifizierten Fachkräften auf der einen Seite und der gegensätzliche Fachkräftemangel auf der anderen Seite gilt es hinsichtlich ökonomischer und menschlicher Aspekte kritisch zu hinterfragen. Ferner sind Themen der Qualifizierungsanforderungen in verschiedenen Bildungsniveaus sowie autonome Kontroll- und Steuerungsfunktionen von CPS in Produktionsprozessen mit dem Menschen als *gläsernen Mitarbeiter* hoch brisant. (siehe 3.2, 3.3) Aktuell vertretene mechanistische Führungs- und Managementkonzepte bieten nur bedingt Ansätze, um diese Probleme ganzheitlich zu lösen. Der Mensch als wichtigster Bestandteil der Arbeitswelt im Umgang mit CPS hat sich im zweiten Modalziel somit nur bedingt bewahrheitet.

Als wesentliche Kritik dieser Ausarbeitung ist der beschränkte Weitblick zu den Auswirkungen von CPS zur Substitution von Fachkräften, dem Fachkräftemangel oder erforderlichen Kompetenzen für Fachkräfte zu nennen. Diese Fragestellungen kann das aktuelle Forschungsfeld nicht beantworten. Daher ist Industrie 4.0 kein integraler Bestandteil der Lösung des bestehenden Fachkräftemangels. Aufgrund des beschränkten Umfangs dieser Ausarbeitung konnten die Themen der Industrie 4.0 nur oberflächlich berücksichtigt werden. Entwicklungspotenziale im Produkt durch CPS (siehe rechter Zweig im Y-CIM Modell von Scheer (2020, S. 34) (Anhang 3)) wurden nicht untersucht. Hierbei hätten Digitalisierungskonzepte durch CPS im After-Sales Bereich als Erweiterung des Themenbereichs weitere Implikationen geliefert.

Die zu berücksichtigenden kritischen Erfolgsfaktoren der technologischen Wende in der Produktion durch CPS ist die interdisziplinäre und durchgängige Gestaltung von Wertschöpfungsnetzen als Chance zur bestmöglichen Einbindung des Menschen als weiterhin wichtigsten Bestandteil der Arbeitswelt. Ferner ist seitens der Führungskraft ein systemisches Führungsverständnis anzustreben. Hierdurch ist eine interaktionsbasierte Führungskultur gegeben (siehe 3.4).

Einen konkreten Ausblick für die Zukunft liefert das bereits jetzt propagierte Schlagwort der *Industrie 5.0,* welches die direkte Zusammenarbeit zwischen Mensch und Roboter beschreibt. Die Säulen der vierten industriellen Revolution, Automatisierung und Effizienz, werden um menschliche Aspekte ergänzt. Dieser Ausblick spiegelt sich im formulierten Zielsystem und den kritischen Erfolgsfaktoren in dieser Arbeit wider. Er bestätigt jedoch auch den beschränkten Weitblick im Entwicklungspotenzial in der Zukunft. Jeff Bezos, der visionäre Gründer von Amazon und Treiber der Digitalisierung vollendet diesen Gedanken punktiert: „Eine machtvolle neue Kraft steht uns zur Verfügung, aber wir beginnen gerade erst zu begreifen, wie wir sie nutzen können. Was für ein inspirierender Gedanke: Wenn das erst der Anfang ist, was kommt dann noch?" (*Bezos*, 2003).

Anhang 1

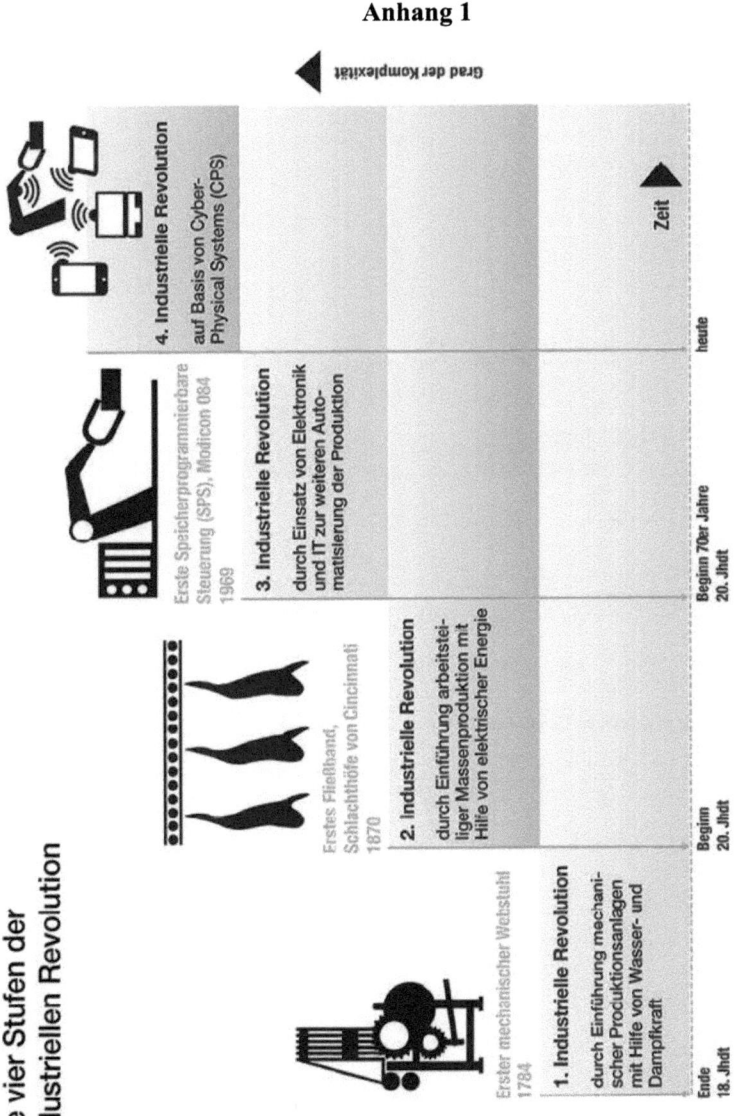

Abbildung 1 – Die vier Stufen der Industriellen Revolution (Deutsches Forschungszentrum für künstliche Intelligenz GmbH, 2021)

Anhang 2

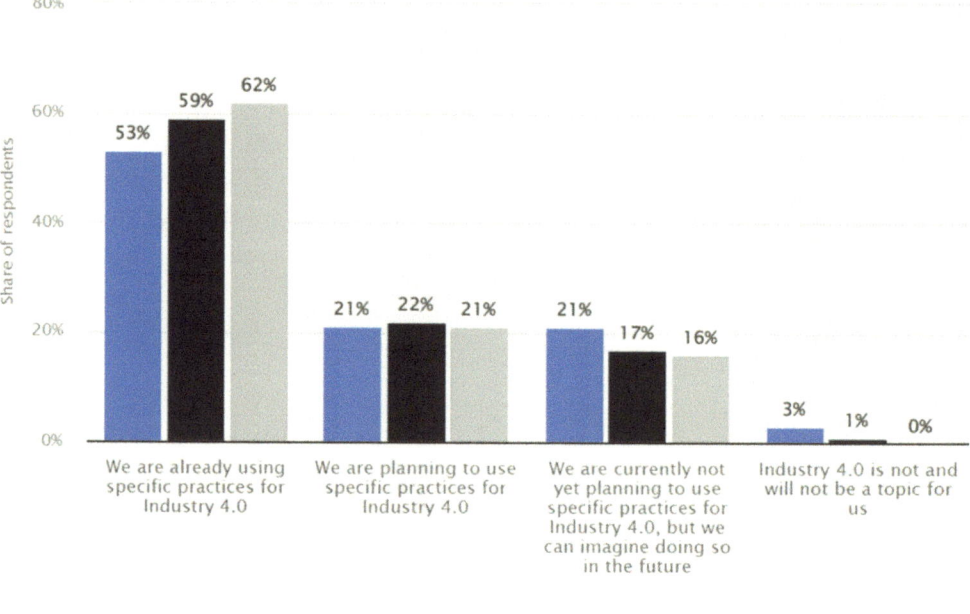

Abbildung 2 – Industrie 4.0 in deutschen Unternehmen (*Bitkom*, 2021)

Anhang 3

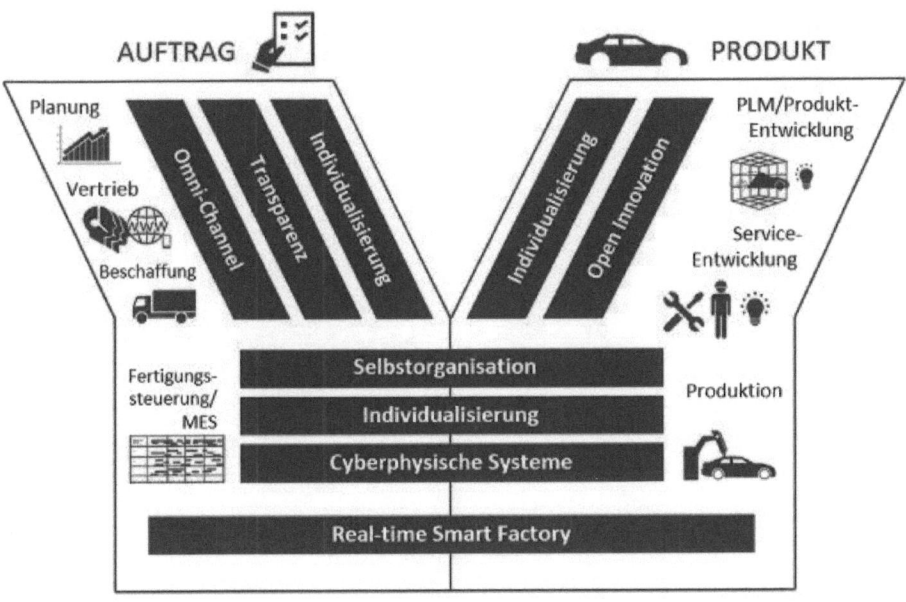

© Prof. Dr. Dr. h. c. A.-W. Scheer

Abbildung 3 – Das Y-CIM Modell von Scheer (2020, S. 34)

Anhang 4

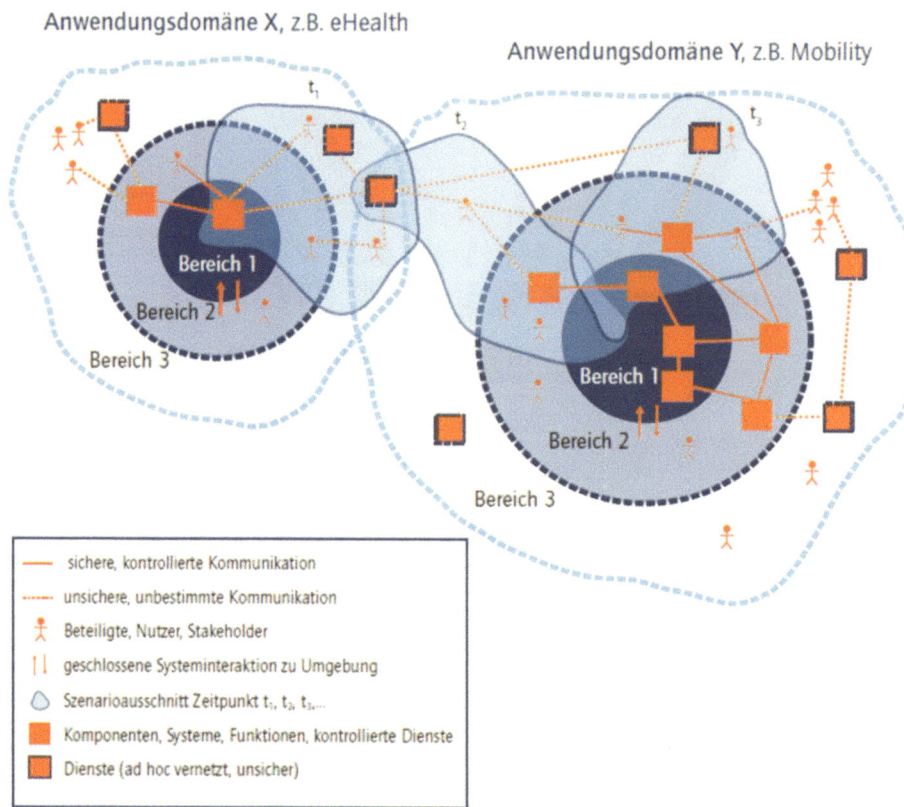

Abbildung 4 – Veranschaulichung der übergreifenden Integration von CPS (*Acatech*, 2011, S. 18)

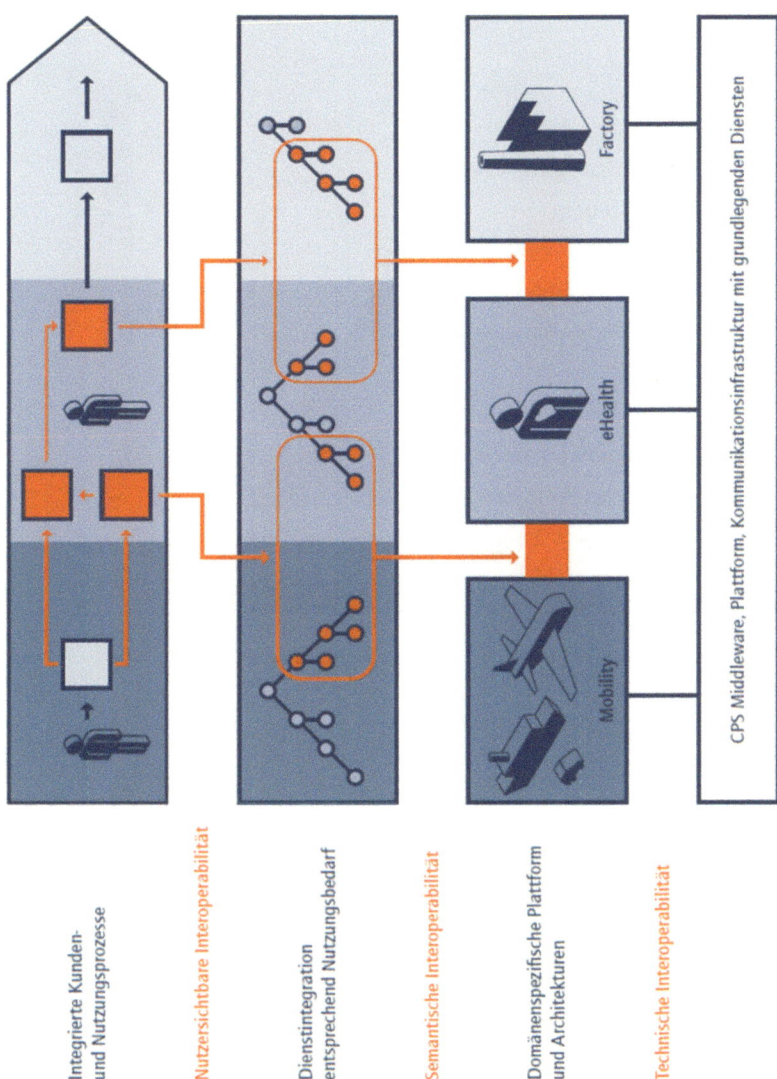

Abbildung 5 – Schichtenmodell von CPS (vgl. *Acatech*, 2011, S. 19)

Anhang 5

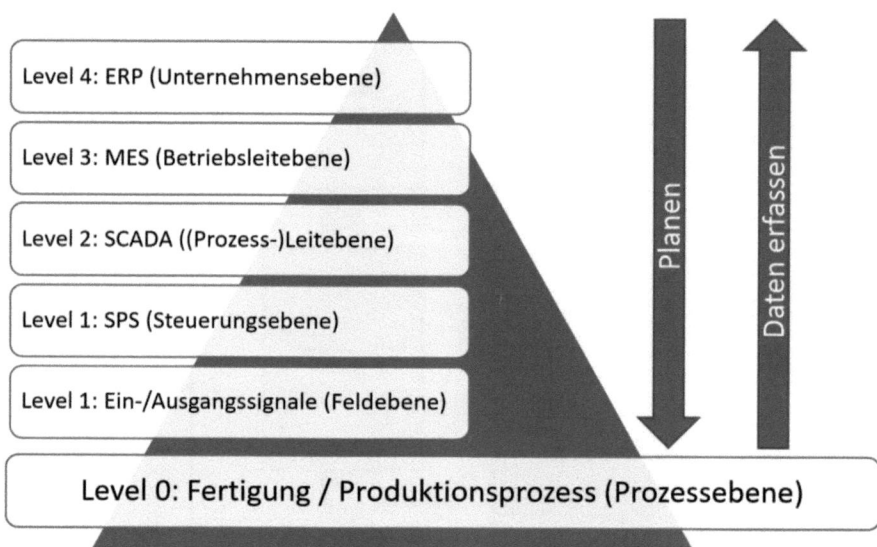

Abbildung 6 – Automatisierungspyramide der industriellen Fertigung (eigene Darstellung) (vgl. *TeDo Verlag GmbH*, 2020)

Literaturverzeichnis

Acatech (Hrsg.): Cyber-Physical Systems: Innovationsmotor für Mobilität, Gesundheit, Energie und Produktion, Berlin/Heidelberg: Springer, 2011

Argyris, Chris/Schön, Donald A.: Die lernende Organisation: Grundlagen, Methode, Praxis, 3. Aufl., Stuttgart: Klett-Cotta, 2008

Baumann, Anja et al.: Betriebliche Prävention 4.0, in: *Oleg Cernavin/Welf Schröter/Sascha Stowasser* (Hrsg.), Prävention 4.0: Analysen und Handlungsempfehlungen für eine produktive und gesunde Arbeit 4.0, 2018, S. 3–19, https://doi.org/10.1007/978-3-658-17964-9_1#

Becker, Klaus-Detlev: Arbeit in der Industrie 4.0 – Erwartungen des Instituts für angewandte Arbeitswissenschaft e.V, in: *Alfons Botthof/Ernst Hartmann* (Hrsg.), Zukunft der Arbeit in Industrie 4.0, 2015, S. 23–29, https://doi.org/10.1007/978-3-662-45915-7_3#

Bendel, Oliver: Die Industrie 4.0 aus Sicht der Ethik, in: *Stefan Reinheimer* (Hrsg.), Industrie 4.0: Herausforderungen, Konzepte und Praxisbeispiele, 2017, S. 161–171, https://doi.org/10.1007/978-3-658-18165-9_11#

Bendel, Oliver (Hrsg.): Handbuch Maschinenethik, Wiesbaden: Springer Fachmedien Wiesbaden, 2019

Bezos, Jeff: Jeff Bezos zur nächsten Web-Innovation, 2003, <https://www.ted.com/talks/jeff_bezos_the_electricity_metaphor_for_the_web_s_future?language=de> [Zugriff 2022-08-16]

Bitkom: What does Industry 4.0 mean for your company? Statista., <https://www-statista-com.gw.akad-d.de/statistics/1242951/industry-40-meaning-companies-opinions-germany/> (2021) [Zugriff 2022-08-16]

Börkircher, Mikko/Walleter, Reinhard: Digitalisierung, Industrie und Arbeit 4.0 aus Sicht der Verbände der Metall- und Elektroindustrie, in: *Oleg Cernavin/Welf Schröter/Sascha Stowasser* (Hrsg.), Prävention 4.0: Analysen und Handlungsempfehlungen für eine produktive und gesunde Arbeit 4.0, 2018, S. 67–79, https://doi.org/10.1007/978-3-658-17964-9_4#

Botthof, Alfons: Zukunft der Arbeit im Kontext von Autonomik und Industrie 4.0, in: *Alfons Botthof/Ernst Hartmann* (Hrsg.), Zukunft der Arbeit in Industrie 4.0, 2015, S. 3–8, https://doi.org/10.1007/978-3-662-45915-7_1#

Breutmann, Norbert: Anforderungen der Arbeitgeber an die Arbeit 4.0, in: *Oleg Cernavin/Welf Schröter/Sascha Stowasser* (Hrsg.), Prävention 4.0: Analysen und Handlungsempfehlungen für eine produktive und gesunde Arbeit 4.0, 2018, S. 59–65, https://doi.org/10.1007/978-3-658-17964-9_3#

Broy, Manfred: Cyber-Physical Systems: Innovation Durch Software-Intensive Eingebettete Systeme, Berlin, Heidelberg: Springer-Verlag Berlin Heidelberg, 2010

Cernavin, Oleg/Lemme, Gordon: Technologische Dimensionen der 4.0-Prozesse, in: *Oleg Cernavin/Welf Schröter/Sascha Stowasser* (Hrsg.), Prävention 4.0: Analysen und Handlungsempfehlungen für eine produktive und gesunde Arbeit 4.0, 2018, S. 21–55, https://doi.org/10.1007/978-3-658-17964-9_2#

Deutsches Forschungszentrum für künstliche Intelligenz GmbH (Hrsg.): Zehn Jahre Industrie 4.0 - Deutschland als Treiber von industrieller KI für die Zukunft der Wertschöpfung: DFKI-Gespräch mit Prof. Dr. Wolfgang Wahlster, aus DFKI NEWS, Ausgabe 1/2021, <https://www.dfki.de/web/news/10-jahre-industrie-4-0-deutschland-als-treiber-von-industrieller-ki-fuer-die-zukunft-der-wert-schoepf> (2021) [Zugriff 2022-08-10]

Ford, Henry/Crowther, Samuel: My life and work, New York: Doubleday, Page Comp, 1922

Forum Wirtschaftsethik: Industrie 4.0 – Ethisch gestaltete Transformation statt kambrische Explosion, <https://www.forum-wirtschaftsethik.de/industrie-4-0-ethisch-gestaltete-transformation-statt-kambrische-explosion/> (2018) [Zugriff 2022-08-13]

Frost, Martina et al.: Führung und Organisation in der Arbeitswelt 4.0, in: *Oleg Cernavin/Welf Schröter/Sascha Stowasser* (Hrsg.), Prävention 4.0: Analysen und Handlungsempfehlungen für eine produktive und gesunde Arbeit 4.0, 2018, S. 159–188, https://doi.org/10.1007/978-3-658-17964-9_11#

Haken, Hermann/Schiepek, Günter: Synergetik in der Psychologie: Selbstorganisation verstehen und gestalten, 2. Aufl., Göttingen/Bern/Wien: Hogrefe, 2010

Hank, Rainer/Meck, Georg: Millionen Jobs fallen weg: Roboter in der Wirtschaft, in: Frankfurter Allgemeine Zeitung v. 17.1.2016, <https://www.faz.net/aktuell/wirtschaft/weltwirtschaftsforum/roboter-in-der-wirtschaft-millionen-jobs-fallen-weg-14018180.html> [Zugriff 2022-08-12]

Hansen, Marit/Thiel, Christian: Cyber-Physical Systems und Privatsphärenschutz, in: DuD 36 (2012), S. 26–30, https://doi.org/10.1007/s11623-012-0007-8#

Hirsch-Kreinsen, Hartmut: Entwicklungsperspektiven von Produktionsarbeit, in: *Alfons Botthof/Ernst Hartmann* (Hrsg.), Zukunft der Arbeit in Industrie 4.0, 2015, S. 89–98, https://doi.org/10.1007/978-3-662-45915-7_10#

Hofmann, Johann: Voraussetzungen für den Einsatz von MES schaffen – Erfahrungsbericht aus Sicht einer Fertigung, in: *Robert Obermaier* (Hrsg.), Industrie 4.0 als unternehmerische Gestaltungsaufgabe: Betriebswirtschaftliche, technische und rechtliche Herausforderungen, 2016, S. 255–269, https://doi.org/10.1007/978-3-658-08165-2_15#

IT Verlag für Informationstechnik GmbH: Neue Berufsfelder in Produktion und Industrie 4.0 - Onlineportal von IT Management, <https://www.it-daily.net/it-management/industrie-rpa/neue-berufsfelder-in-produktion-und-industrie-4-0> (2021) [Zugriff 2022-08-10]

Jahn, Myriam: Industrie 4.0 konkret: Ein Wegweiser in die Praxis, Wiesbaden: Springer Gabler, 2017

Knop, Carsten: Industrie 4.0 steigert Produktivität deutlich: Neue Studie, in: Frankfurter Allgemeine Zeitung v. 17.2.2016, <https://www.faz.net/aktuell/wirtschaft/unternehmen/industrie-4-0-steigert-produktivitaet-in-deutschland-deutlich-14071866.html> [Zugriff 2022-08-12]

Luhmann, Niklas: Soziale Systeme: Grundriss einer allgemeinen Theorie, 7. Aufl., Frankfurt am Main: Suhrkamp, 1999

Nickolaus, Reinhold et al.: Anforderungen an Facharbeiter im Kontext von Industrie 4.0: Eine Sichtung vorliegender Analysen und Prognosen und eine kritische Würdigung ihrer Orientierungsleistung, in: *Roeland Hoogeveen* (Hrsg.), Interorganisationale kollaborative Gemeinschaftsforschung: Forschungscampus für den Automobilbau der Zukunft: ARENA2036, 2022, S. 135–153, https://doi.org/10.1007/978-3-662-62958-1_10#

Obermaier, Robert: Industrie 4.0 als unternehmerische Gestaltungsaufgabe: Strategische und operative Handlungsfelder für Industriebetriebe, in: *Robert Obermaier* (Hrsg.), Industrie 4.0 als unternehmerische Gestaltungsaufgabe: Betriebswirtschaftliche, technische und rechtliche Herausforderungen, 2016, https://doi.org/10.1007/978-3-658-08165-2_1#

Obermaier, Robert/Kirsch, Victoria: Wirtschaftlichkeitseffekte von Industrie 4.0-Investitionen – Ex post-Analysen bei der Einführung eines Manufacturing Execution Systems, in: Zeitschrift Controlling (2015), S. 493–503

Praveen Kopalle: Why Amazon's anticipatory shipping is pure genius, in: Forbes v. 28.1.2014, <https://www.forbes.com/sites/onmarketing/2014/01/28/why-amazons-anticipatory-shipping-is-pure-genius/?sh=59cbc8994605> [Zugriff 2022-08-05]

Scheer, August-Wilhelm: Industrie 4.0: Von der Vision zur Implementierung, in: *Robert Obermaier* (Hrsg.), Industrie 4.0 als unternehmerische Gestaltungsaufgabe: Betriebswirtschaftliche, technische und rechtliche Herausforderungen, 2016, S. 35–52, https://doi.org/10.1007/978-3-658-16527-7_2#

Scheer, August-Wilhelm: Unternehmung 4.0, Wiesbaden: Springer Fachmedien Wiesbaden, 2020

Schmelzer, H. J./Sesselmann, Wolfgang: Geschäftsprozessmanagement in der Praxis: Kunden zufriedenstellen, Produktivität steigern, Wert erhöhen, 9. Aufl., München: Carl Hanser Verlag GmbH & Co. KG, 2020

Schönfelder, Christoph: Muße – Garant für unternehmerischen Erfolg: Ihr Potenzial für Führung und die Arbeitswelt 4.0, Wiesbaden: Springer, 2018

Schuh, Günther et al.: Industrie 4.0 als Chance gegen den Fachkräftemangel: Eine Betrachtung für den deutschen Mittelstand, in: Industrie 4.0 Management (2021), S. 12–15

TeDo Verlag GmbH: Das MES und sein Platz der schönen neuen Welt - IT&Production, <https://www.it-production.com/fertigungsnahe-it/einschaetzungen-zum-vdma-einheitsblatt-66412/> (2020) [Zugriff 2022-08-09]

Utz, Marius: Lernende Organisationen.: Ein Instrument zur Steigerung des Unternehmenserfolgs?: GRIN Verlag, 2022

Winkler, Herwig et al.: Effizienzbewertung und -darstellung in der Produktion im Kontext von Industrie 4.0, in: *Robert Obermaier* (Hrsg.), Industrie 4.0 als unternehmerische Gestaltungsaufgabe: Betriebswirtschaftliche, technische und rechtliche Herausforderungen, 2016, S. 219–243, https://doi.org/10.1007/978-3-658-08165-2_13#

Zuboff, Shoshana: In the age of the smart machine: The future of work and power, New York: Basic Books, 1988